김병완의 결정책 시리즈 10부작 제2권

결정적 순간의 책읽기

인생의 결정적인 순간에 위기 대처
능력을 향상시켜 주는 책(冊) 읽기

김병완

플랫폼연구소

< 김병완의 결정책 시리즈 10부작 제2권 >

김병완의 결정적 순간의 책(冊) 읽기_2권

절망에 빠졌을 때 _ 희망과 용기가 필요하다면

인생의 결정적인 순간에 위기 대처 능력을
향상시켜 주는 책(冊) 읽기

" 당신에게 가장 필요한 책은 당신으로 하여금
가장 많이 생각하게 하는 책이다."

_ 마크 트웨인.

“ 나는 한 시간의 독서로 누그러들지 않는
어떤 슬픔도 알지 못한다.”
- 몽테스키외 -

프롤로그_ 책은 인생을 밝혀주는 등불이다.

‘책을 잘 읽고 산다는 것은, 경이로운 세상에 눈을 뜨고 매일매일 세상과 나 자신의 잠재력에 대해 새로운 것들을 배우며 정신적으로 한 차원 높은 삶을 살아가는 것이다.’

<전략적 책읽기>의 저자 스티브 레빈의 이 말처럼 책을 잘 읽고 산다는 것은 자신의 한계를 훌쩍 뛰어넘어 한 차원 높은 삶을 살아가는 것이라고 말할 수 있다. 그런 점에서 책읽기는 기적을 창출해 내는 기적 그 자체이다.

책이 아니라면 우리는 과거에 살았던 수많은

현인의 지혜와 통찰력에 대해 알 수 없었을 것이고, 생각의 재료가 되는 지식을 축적하지도 못했을 것이며 생각의 계기가 되어 주는 역사와 이야기를 많이 접하지도 못했을 것이다.

부침이 많은 것이 바로 우리의 인생이다. 이러한 인생을 살아 나가다 보면 때로는 억장이 무너질 만큼 아프고 당황스럽고 어찌해야 할 바 몰라 발만 동동 구르면서도 아무것도 할 수도 없었고, 무엇을 어떻게 해야 하는지도 몰라서 더 힘들었던 시기를 경험하게 된다.

이 책은 바로 이러한 절체절명 위기의 순간 혹은 인생에 찾아오는 결정적인 순간에 꼭 읽어봐야만 하는 책들에 관한 이야기이다. 만약에 그 위기의 순간 혹은 결정적인 순간에 이 책을 읽었었더라면 좀 더 지혜롭고 의연하게 잘 대처해 나갔을 것이고, 그러한 조금의 차이는 긴 인생을 살면서 모이고 쌓여서 인생의 성공과 실패를 결정짓게 되는 중요한 차이가 되어 우리에게 보상해 줄 것이다.

그런 점에서 책을 읽으면서 살아가는 사람들과 책과 동떨어져서 살아가는 사람의 삶은 보이지 않는 큰 간격이 생길 수밖에 없는 것이다.

중요한 사실은 인류가 가진 부의 대부분을 소유하고 운용하고 있는 사람들은 후자가 아니라 전자들이며, 새로운 부를 창출해 내는 사람들도 또한 바로 그들이라는 점은 우리에게 책은 선택이 아니라 인생을 제대로 잘 살아가기 위해서는 꼭 필요한 필수 조건이라는 사실을 잘 보여주는 사례일 것이다.

위대한 발명가, 위대한 정치인, 위대한 대왕, 위대한 혁명가, 위대한 경영자, 위대한 방송인, 위대한 학자와 같은 위대한 인물 중에 책을 읽지 않은 인물들이 과연 있을까?

그렇다고 위대한 인물이 되기 위해서 책을 읽어야 한다고 말하는 것은 아니다.

이 책의 존재 목적은 버트런드 러셀이 한 말에

토대를 두고 있다.

“ 내게 좋은 책을 알려주는 사람이 있었다면, 이렇게 오랜 시간에 걸쳐 시행착오를 하지 않았을 텐데 …….”

바로 이것이다. 당신에게 그것도 결정적 순간에 당신이 오랜 시간에 걸쳐 시행착오를 하지 않을 수 있도록 좋은 책을 알려 주는 것이다. 이것이 바로 이 책의 목적이다. 그렇기 때문에 이 책은 처음부터 끝까지 순서대로 읽어야 하는 그런 책이 아니다. 자신의 인생이 현재 직면하고 있는 상황에 맞추어 필요한 부분을 읽어서 자신이 처한 결정적 순간에 읽었을 때 가장 유익하고 도움이 되는 그런 좋은 책에 대해 알게 해 주는 그런 책이다.

책이 책을 읽는다는 말이 있듯이, 이 책은 또 다른 책을 읽게 만드는 그런 책의 구실을 톡톡하게 해 낼 것이라고 믿는다.

책을 읽는다는 것은 인간만이 누릴 수 있는 특권이며 사치 중 사치라고 할 수 있다. 당신은 이러한 사치와 특권을 누릴 자격이 있다. 과거 중세 시대에는 최고의 특권층만이 책에 접근할 수 있었다는 사실을 생각해 보면, 지금 이 시대에 살고 있는 것만으로도 우리는 행복한 사람임에 틀림없다.

'좋은 책을 읽는 것은 지난 몇 세기에 걸쳐 가장 훌륭한 사람들과 대화하는 것과 같다.' 라고 말한 데카르트는 책의 위력과 유익함을 너무나 잘 알고 있었던 현인 중 한 명이었다. 당신도 이제 지난 몇 세기에 걸쳐 가장 훌륭한 사람들과 더 많은 대화를 나누는 그런 기회를 지금까지보다 더 많이 가져 보기를 바란다.

책은 인류가 힘겹게 오랜 시간 걸어오면서 쌓아 올린 사색의 결정체이며 인생을 밝혀주는 등불이다. 책은 궁지에 몰린 이에게는 새로운 돌파구를 발견할 수 있게 해 주는 돌파구이며, 어떤 시련과 역경도 헤쳐 나갈 수 있게 해 주는 원동력이다.

책은 비탄에 빠진 사람에게는 위안이 되며, 절망한 사람들에게는 용기가 되며, 방황하는 이들에게는 인생의 나침반이 되어 주며, 세상에 지친 이들에게는 오아시스가 되어 주며, 가난한 이들에게는 부자가 되는 길을 제시해 주고, 실패한 이들에게는 성공할 수 있는 길을 제시해 준다.

이런 이유와 근거를 토대로 필자는 장담할 수 있다.

" 이 세상에서 책을 읽는다는 것은 최고의 특권이며, 사치이며, 축복이다. "

목차

당신은 성공할 수 있다. 그것을 믿어라!

< 크게 생각할수록 크게 이룬다 .>

_ 데이비스 슈워츠

인간은 어떤 환경에도 적응할 수 있다.

< 죽음의 수용소에서 >

_ 빅터 프랭클

나의 생각이 내 인생을 바꾼다.

< 내 인생을 바꾼 생각의 힘 >

_ 랜디 게이지

모든 고통은 오직 에고에서 일어난다.

< 의식 혁명 >

_ 데이비드 호킨스

세상을 사는 동안 기회는 항상 있다.

< 시도하지 않으면 아무것도 할 수 없다 >

_ 지그 지글러

에필로그 _ 책은 삶의 특권이며 최고의 사치이며 향락이다.

“ 한 인간의 존재를 결정짓는 것은
그가 읽은 冊과 그가 쓴 글이다. “
– 도스토예프스키 –

제2장. 절망에 빠졌을 때 _ 희망과 용기가 필요하다면

“ 의식을 높이기 위해 애쓰지 않는 사람은 남에게 의존할 수밖에 없는 나약하고 비참한 상태에 머물게 된다. 반면 스스로의 의식을 고양시키고자 노력하는 사람은 노예상태에서 벗어나 한계를 극복하고 위대함을 성취할 수 있다.”
< [내 인생을 바꾼 생각의 힘], 서문에서 >

“ 강제수용소에서는 모든 상황들이 가지고 있는 것을 상실하도록 만든다. 평범한 삶에서는 당연했던 모든 인간적인 목표들이 여기서는 철저히 박탈당한다. 남은 것이라고는 오로지 ‘인간이 가지고 있는 자유 중에서 가장 마지막 자유’ 인 ‘주어진 상황에서 자신의 태도를 취할 수 있는 ’ 자유 뿐이다.” < 빅터 프랭클, [죽음의 수용소에서], 19쪽 >

“ 흥미롭게도, 늑대와 마약 중독자 사이엔 공통적인 요소가 있습니다. 그들은 서로 다르긴 하지만 같은 것을 원했던 것입니다. 바꿔 말하자면, 노력은 적게 하면서 많은 것을 얻으려고 했던 것입니다. 진정한 성공 법칙은 ‘많이 주고, 많이 베풀고, 많은 노력을 하는 것’ 입니다. 그러면 그에 대한 보답으로 더욱 큰 보상을 받게 됩니다.” < 지그 지글러, [시도하지 않으면 아무것도 할 수 없다], 15쪽 >

" 내가 세계를 알게 된 것은 책에 의해서였다."

_ 장 폴 사르트르

당신은 성공할 수 있다. 그것을 믿어라!

<크게 생각할수록 크게 이룬다.>

_ 데이비스 슈워츠

" '크게 생각하는 것의 마술' 을 뒷받침하는 기본적인 원리와 개념들은 역사상 가장 훌륭하고 커다란 생각을 품었던 위인들에 의해 비롯된 것이다. 예를 들면 " 사람은 생각하는 바와 같이 된다. "고 예언한 다윗, " 위대한 사람은 생각이 세상을 다스린다는 사실을 안다. "고 말한 에머슨, 자신의 저서 [실락원]에서 " 마음은 지옥을 천국으로 혹은 천국을 지옥으로 만들 수 있다 "고 기술한 밀턴 같은 사람들이 있다. 물론 " 선과 악을 만드는 마음이 없다면 선악은 존재하지 않는다. "라고 말한 놀라운 통찰력의 소유자, 세익스피어도 그러한 위인의 대열에서 빼놓을 수 없다." < 서문에서 >

당신이 지금까지 열심히 일을 했음에도, 능력과 기술도 충분히 많음에도 성공하지 못 하고 부자가 되지 못 했다면 그것은 아마도 당신의 생각이 너무 편협하고 작았기 때문이라고 말 할 수 있다. 그래서 이러한 사실에 대해 말해 주는 이 책은 모든 면에서 크게 생각하는 것의 유익과 위력에 대한 책이다.

이 책의 저자는 크게 생각하는 것이 마술을 부린다는 사실에 대해 여러 가지 사례를 통해 우리에게 보여준다. 누군가가 다른 동료들보다 5배나 되는 수입을 올린다면, 그것은 그 사람이 다른 동료들보다 5배나 더 열심히 일을 했다거나, 더 잘 했다는 것을 의미하지 않는다는 것이다. 그것이 의미하는 것은 그가 다른 동료들보다 5배나 더 크게 생각했다는 것을 말해주고 있다는 것이다.

즉 성공은 지능의 크기가 아닌 생각의 크기로 결정된다는 것이다. 이 책의 저자는 성공한 사람들의 이면을 파헤칠수록 이러한 개념이 더욱 더 분명하게 다가온다고 말한다. 많은 사람이 크게 생각하는 것이 큰 위력을 발휘한다는 사실에 대해 제대로 알지 못할 뿐만 아니라 알게 모르게 우리 주변의 환경에 크게 영향을 받기 때문에 작게 생각하는 것에 너무 익숙해져 버린다. 그 결과 그토록 위대한 인생, 큰 인생이 드문 것이다.

우리의 삶은 시시하게 살기엔 너무 짧다고 이 책의 저자는 말한다. 그렇기 때문에 눈부신 인생을 살기 위해 가장 먼저 당신이 해야 할 일은 당신이 반드시 성공할 수 있다는 사실에 대해 믿는 것이라고 한다. 그것을 한 마디로 하면 '신념의 힘' 이다.

" 날마다 많은 사람들이 자신의 일터로 뛰어든다. 그리고 그들은 언젠가는 정상의 자리에 올라서서 성공을 누릴 수 있기를 '소망' 한다. 하지만 그들 중 대다수는 최고의 단계에 도달하는 데 필요한 강한 믿음을 갖고 있지 못하다. 그렇기 때문에 그들은 최고가 되지 못하는 것이다.

좀 더 사실적으로 말하자면 그들은 자신이 그렇게 높이 올라갈 수 있을 것이라고 믿지 않음으로써 높은 곳까지 이어지는 계단을 발견하지 못한다. 그리하여 그들의 행동은 그저 '평범함'의 범주에 머물고 마는 것이다. 하지만 그들 중의 소수는 자신이 성공하리라는 것을 진심으로 믿는다. 그리고 '나는 최고가 될 거야'라는 마음자세로 열심히 일하여 마침내 그 엄청난 믿음으로 정상에 우뚝 서게 된다. " < 22 ~ 23쪽 >

산을 옮길 수 있다고 믿는 사람들은 실제로 산을 옮기고야 만다. 그것이 바로 신념의 힘이다. 중요한 사실은 산을 절대로 옮길 수 없다고 생각하는 사람들은 절대로 산을 옮길 수 없다는 사실이다. 우리의 인생도 이와 다르지 않다. 우리는 우리가 생각하는 대로 된다. 그렇기 때문에 우리는 크게 생각해야 한다. 우리가 크게 생각하면 큰 인생을 살아갈 수 있는 것이다.

“ ‘크게 생각하는 것의 마술’ 을 뒷받침하는 기본적인 원리와 개념들은 역사상 가장 훌륭하고 커다란 생각을 품었던 위인들에 의해 비롯된 것이다. 예를 들면 ” 사람은 생각하는 바와 같이 된다. “고 예언한 다윗, ” 위대한 사람은 생각이 세상을 다스린다는 사실을 안다. “고 말한 에머슨, 자신의 저서 [실락원]에서 ” 마음은 지옥을 천국으로 혹은 천국을 지옥으로 만들 수 있다 “고 기술한 밀턴 같은 사람들이 있다. 물론 ” 선과 악을 만드는 마음이 없다면 선악은 존재하지 않는다. “라고 말한 놀라운 통찰력의 소유자, 셰익스피어도 그러한 위인의 대열에서 빼놓을 수 없다.” < 서문에서 >

이 책의 저자는 우리에게 그저 평범하게 살아가고 있고, 되는대로 살아가는 사람들을 잘 관찰해 보라고 조언한다. 그들을 관찰해 보면 그들은 모두 자신을 시시한 인간, 평범한 인간이라고 믿는 다. 그래서 그러한 믿음은 너무나 확고하여 인생에서 되돌려 받는 것은 자신의 잘못

된 믿음만큼 적다. 자기 자신은 큰일을 성취할 수 없다고 믿기 때문에 실제로 큰일을 성취해내지 못한다.

스스로 중요하고 가치 있는 사람이라고 생각하지 않기 때문에 모든 행동에서 별다른 주목을 받지 못한다. 그리고 시간이 지날수록 말하고 걷고 행동하는 모든 방식에서 자신감이 결여된 모습이 역력히 드러나게 된다.

인생을 교훈 중에 하나는 이 세상의 무수히 많은 존재 중에 당신의 성공과 실패를 결정짓는 유일한 존재는 바로 당신 자신이라는 사실일 것이다. 그렇기 때문에 당신 자신의 모든 행동을 좌지우지하는 당신의 생각은 그 어떤 것보다 더 중요하다고 할 수 있다. 그것은 자신의 인생의 기회의 문을 열게 해 줄 수 있는 사람은 바로 당신 자신뿐이기 때문이다.

기회의 문을 열기 위해 가장 필요한 것은 무엇보다도 '자신감' 이다. 그래서 우리의 인생을 망치는 최고의 적은 바로 두려움이라고 할 수 있다. 두려움을 극복해 내고 행동하는 것이 바로 자신감인 것이다. 실패자들은 모두 두려움에 굴복한 것이며, 성공자들은 모두 자신감으로 충만한 사람이라고 할 수 있는 이유가 바로 이것이다.

그렇다면 자신감이 부족한 이들은 어떻게 해야 자신감을 회복할 수 있고, 자신감을 가질 수 있을까? 이 책의 저자는 자신감 있는 행동을 하면, 자신감이 생기게 된다고 말한다. 행동은 감정의 선봉이라는 것이다. 그래서 자신감을 강화시키는 5가지 행동을 제시해 준다. 첫 번째는 앞좌석에 앉아 보라는 것이다. 두 번째는 눈을 맞추는 행동을 하라는 것이다. 세 번째는 25% 더 빨리 움직이라는 것이다. 네 번째는 당당하게 말하는 연습을 하라는 것이다. 다섯 번째는 크게 미소 지으라는 것이다.

우리가 무엇을 하든 그것을 잘 하지 못하는 가장 큰 이유는 중요하고 큰 본질을 망각한 채 작고 사소한 것들에 집중하기 때문이라고 이 책의 저자는 말한다. 그중 하나가 바로 대중 연설이다. 대부분의 사람들이 대중 연설을 잘 하지 못하는 이유는 연설의 크고 중요한 수칙을 희생시키면서 작고 사소한 수칙들을 지키는데 집중하기 때문이라는 것이다.

'단상에 올라가면 똑바로 서 있어야 한다.'
'목소리는 크지도 작지도 않아야 한다.'
'어법에서 실수하면 안 된다.'
'쓸데없이 손을 움직여서는 안 된다.'

이러한 작고 사소한 것들에 집중하기 때문에 정작 크고 중요한 수칙인 '청중에게 말하고자 하는 핵심 주제' 와 '타인에게 전달하고자 하는 강렬한 열정' 에 집중하지 못하게 되는 것이다. 위대하고 훌륭한 연설자들을 보면 목소리가 좋지 못하고, 작고 사소한 수칙들을 잘 어기는 사람들이 적지 않다는 사실은 이러한 주장을 뒷받침하고 있는 것이다.

크게 생각하는 것은 모든 면에서 이익이다. 작게 생각함으로써 자신을 결코 헐값에 넘기지 마라. 작게 생각함으로써 사소한 일들에 집착하지 말고, 사소한 일들로 인해 시간과 에너지를 낭비하지 말라. 당신이 성공할 수 있다고 믿는 것도 또한 크게 생각하는 것 중에 하나임을 명심해야 한다. 절망에 빠진 이들에게 이 책을 추천하는 이유는 우리가 크게 생각할 때 절망은 우리 마음속에 깃들 틈을 찾지 못 하기 때문이다.

“ 책은 내 마음 속의 언 바다를 깨는 도끼와
도 같다. ”

– 프란츠 카프카 Franz Kafka –

인간은 어떤 환경에도 적응할 수 있다.

<죽음의 수용소에서>

_빅터 프랭클

" 강제수용소에서는 모든 상황들이 가지고 있는 것을 상실하도록 만든다. 평범한 삶에서는 당연했던 모든 인간적인 목표들이 여기서는 철저히 박탈당한다. 남은 것이라고는 오로지 '인간이 가지고 있는 자유 중에서 가장 마지막 자유' 인 '주어진 상황에서 자신의 태도를 취할 수 있는 ' 자유뿐이다." < 19쪽 >

이 책의 저자인 빅터 프랭클 박사는 니체의 말을 인용하여 이 책의 핵심 주제인 이 말을 우리에게 전해 준다.

“ 왜 살아야 하는지를 아는 사람은 그 어떤 상황도 견뎌낼 수 있다.”

이 책을 통해 깨닫게 되는 사실 중에 하나는 인간은 환경보다 강한 존재라는 것이다. 즉 인간은 어떤 환경에도 적응할 수 있다. 그 예로 이 책의 저자는 밖에서 생활할 때는 아주 예민해서 잠을 제대로 못 자는 사람이 이곳에서 들어와서는 매우 시끄러운 환경 속에서도 잠을 아주 잘 자게 되었다는 사실에 대해 이야기 한다.

“ 밖에서 생활할 때 잠을 제대로 못 잤던 사람이 있었다. 옆방에서 바스락거리는 소리만 들어도 잠이 깰 정도로 예민한 사람이었다. 그런데 수용소에서는 그런 사람이 동료의 몸 위에 엎어져서 귀에서 불과 몇 인치 떨어진 곳에서 나는 코고는 소리를 들으면서도 아주 깊이 잠을 잤다.

만약 어떤 사람이 인간을 어떤 환경에도 적응할 수 있는 존재로 묘사한 도스토예프스키의 말이 사실이냐고 묻는다면 우리는 이렇게 대답할 것이다.

'물론입니다. 인간은 어떤 환경에도 적응할 수 있습니다. 하지만 그 방법에 대해서는 묻지 말아 주십시오.' " < 47 ~ 48쪽 >

이 책의 저자는 자신이 죽음의 수용소에서 경험한 인간의 모든 어둡고 추한 면, 비정한 면을 직접 목격했고, 느꼈다. 그럼에도 불구하고 그는 인간이 할 수 있는 최고의 자유이자 최후의 자유는 그 어떤 상황에서도 자신의 태도와 생각을 선택할 수 있는 자유라는 것을 주장한다.

죽음의 수용소가 과연 어떤 곳인지를 잘 알 수 있게 해 주는 몇몇 대목들을 살펴보자.

" 한 사람이 숨을 거두자 나머지 사람들이 아직 체온이 남아 있는 시신 곁으로 다가갔다. 그 중에서 한 사람이 죽은 사람이 먹다 남긴 지저분하기 짝이 없는 감자를 낚아채 갔다. 그다음 사람은 시신이 신고 있는 나무 신발이 자기 것보다 좋다고 생각했는지 신발을 바꾸어 갔다. 세 번째 사람도 죽은 사람의 외투를 가지고 앞에 사람이 했던 것과 똑같은 행동을 했다. 그런가 하면 또 다른 사람은 진짜 구두끈을 갖게 되었다고 좋아했다.

나는 담담한 심정으로 이 모든 광경을 지켜보았다. 당시 나는 막사 맞은편에 있었다. 바닥에서 얼마 떨어지지 않은 곳에 있는 작은 창문 옆에서 얼어붙은 손으로 뜨거운 수프가 담긴 그릇을 들고는 맛있게 먹고 있었다. 그러다가 우연히 창밖을 보게 되었다. 방금 전에 밖으로 옮겨진 시체가 동태 같은 눈을 하고 나를 바라보고 있었다. 두 시간 전에 나와 이야기를 나누었던 사람이었다. 그러나 나는 곧 다시 수프를 먹기 시작했다." < 55 ~ 56쪽 >

이 책의 저자는 이때의 이 일이 자신에게는 그 어떤 감정도, 슬픔도, 분노도, 아픔도 불러일으키지 않았다고 고백한다. 심지어 그는 죽음보다 더한 모멸감을 경험했다고 자신의 책을 통해 밝

히기도 했다. 즉 인간이 더 이상 어느 것에도 관심을 갖지 않는 정서와 감정의 둔화를 의미하는 무감각은 수용자들이 보이는 정서적 반응의 두 번째 단계에서 나타나는 징후라고 말한다.

그래서 그들은 매일 같이 반복되는 구타에도 무감각해 진다는 것이다. 하지만 정작 참기 힘든 것은 육체의 고통이 아니라, 부당하고 비합리적인 일을 당했다는 생각에서 오는 정신적 고통이라고 말한다.

수용소에 갇힌 사람들이 가장 흔하게 꾸는 꿈은 빵과 케이크와 담배 그리고 따뜻한 물로 하는 목욕이라고 한다. 그리고 놀랍고도 흥미로운 사실은 그러한 죽음의 수용소에서 가장 밑바닥 인생을 살고 있는 그들이지만 그들이 본디부터 가지고 태어난 심성 속에서는 아름다움에 대한 열정이 남아 있었다는 사실이었다.

" 어느 날 저녁이었다. 죽도록 피곤한 몸으로 막사 바닥에 앉아서 수프 그릇을 들고 있는 우리에게 동료 한 사람이 달려왔다. 그리고는 점호장으로 가서 해가 지는 멋진 풍경을 보라는 것이었다. 밖에 나가서 우리는 서쪽에 빛나고 있는 구름과, 짙은 청색에서 핏빛으로 끊임없이 색과 모양이 변하는 구름으로 살아 숨 쉬는 하늘을 바라보았다. 진흙 바닥에 패인 웅덩이에 비친 하늘의 빛나는 풍경이 잿빛으로 지어진 우리의 초라한 임시 막사와 날카로운 대조를 이루고 있었다. 감동으로 인해 잠시 침묵이 흐른 뒤, 누군가가 이렇게 말했다.

" 세상이 이렇게 아름다울 수도 있다니!" "

< 81 ~82 쪽 >

필자는 이 책을 통해 인간의 처참하고 비정하고 추악한 면보다 인간의 위대함과 예술과 아름다움과 그 누구도, 그 어떤 것도 손상시킬 수 없는 고귀한 삶의 의미를 발견하게 되었다. 이 책의 저자는 죽음의 수용소에는 예술 비슷한 것이 있을 뿐만 아니라 유머도 있었다고 말한다.

“ 외부 사람들 중에는 강제수용소에 예술 비슷한 것이 있다는 것만으로도 놀라워하는 사람들이 있을 것이다. 하지만 예술뿐만 아니라 유머도 있었다는 것을 알게 되면 더욱 더 놀랄 것이다. 비록 그 흔적이 아주 희미하고, 몇 초 혹은 몇 분 동안만 지속되지만, 유머는 자기 보존을 위한 투쟁에 필요한 또 다른 무기였다. 이미 잘 알려진 대로 유머는 그 어떤 상황에서도 그것을 딛고 일어설 수 있는 능력과 초연함을 가져다준다.” < 86 ~ 87쪽 >

이 책의 저자는 자신이 경험한 죽음의 수용소에서의 삶을 통해 인류에게 큰 선물을 하나 선사 해 주었다. 그것은 바로 ‘로고테라피 logotherapy’ 라고 불리는 일종의 실존적 정신요법이다. 이 정신요법의 핵심어는 의미이다. ‘의미’ 를 뜻하는 그리스어인 로고스logos를 사용한 것도 바로 이 때문이다. 그래서 로고테라피는 환자 스스로 삶의 의미를 찾도록 도와주는 것을 그 과제로 삼고 있는 것이다.

이 책의 저자는 또 한 번 니체의 말을 인용한다.

"나를 죽이지 못한 것은 나를 더욱 강하게 만들 것이다."

인간은 어떤 환경에도 적응할 수 있을 뿐만 아니라 환경이 나쁠수록 인간은 더욱 더 강한 존재로 거듭나게 된다. 이것이 절망에 빠진 우리들이 새로운 희망을 가져도 좋을 만큼 충분한 근거와 이유라고 해도 되지 않을까? 특히 무엇보다도 우리가 희망을 가질 수 있는 이유는 인간에게는 어떤 상황에서도 스스로 행동을 선택할 수 있는 자유가 있다는 점이다. 이 책은 그러한 자유가 어떤 힘과 위력을 발휘해 내는 지를 잘 설명해 주는 책인 것이다. 바로 이것이 절망에 빠진 이들에게 이 책을 추천하는 이유이다.

“ 인간이 자연에게서 거저 얻지 않고,
스스로의 정신으로 만들어 낸 수많은 세계
중에 가장 위대한 것은 冊의 세계다. “

– 헤르만 헤세 –

고 말한다. 실로 황당하지 않을 수 없는 주장이다. 하지만 그렇게도 황당한 주장이 사실이라면 어떻게 되는 것일까?

필자는 40년 동안 살면서 한 번도 부자가 되겠다는 의식을 가져 본 적이 없었다. 그래서 결과적으로 부자가 되지 못했다. 그러다가 40이 넘어 어느 날 평생 처음으로 부자가 되겠다는 의식, 부자로 살아야 하겠다는 의식, 부자의 삶이 가난한 삶보다 훨씬 더 유리하고 멋질 것이라는 의식을 가지게 되었다. 그렇게 부자가 되어야 하겠다는 의식을 확고하게 가지고 나서 몇 년 후부터 부자가 되어 가고 있는 내 자신을 발견하게 되었다.

필자가 부자가 되지 못했고, 부자가 될 가능성도 전혀 없었을 때, 즉 인생의 전반기에는 놀랍게도 좋은 대학을 나왔고, 좋은 직장에 취직을 했고, 누구보다 열심히 직장 생활을 하면서 살았던 그 시절이었다. 그런데도 놀랍게도 부자가 아니라 평범한 소시민으로 살아야 했던 것이다.

하지만 지금은 좋은 직장도 없고, 그렇게 열심히 아등바등 살지 않는다. 물론 건강을 생각해서 적당히 조율을 하는 편이기도 하다. 젊었을 때처럼 오랜 시간 일을 하지 못 하는 것이 사실이다. 하지만 이런 상황임에도 한 달 수입이 과거보다 비교도 못 할 정도로 많아졌던 것이다.

이런 필자의 개인적인 경험담을 통해 볼 때 이 책의 저자가 주장하는 말이 허투루 하는 말이 아님을 필자는 누구보다 잘 알고 있다. 필자가 실제로 경험했던 일이기 때문이다. 이러한 사실에 대해 이 책의 저자는 다음과 같이 설명한다.

" 성공과 부는 호기나 우연, 행운 따위와는 거의 아무런 상관이 없음을 깨닫게 된 것이다. 심지어 무엇을 얼마나 어떻게 배웠다거나 어떤 능력을 가졌는지도 전혀 문제 되지 않았다. 인생을 성공으로 이끄는 열쇠는 오로지 본인의 의식과 신념, 자신조차도 알지 못하는 잠재의식에 달려 있었다." < 12쪽 >

즉 돈과 재산이 없다고 해서 가난한 것이 아니면, 동시에 돈과 재물이 넘쳐난다고 해서 성공을 뜻하는 것도 아니라는 것이다. 가난도, 부도, 성공도, 실패도 모두 사고방식의 문제라는 것이다. 우리가 만나게 되는 모든 상황은 우리의 사고방식, 즉 생각이 만들어 내는 것이라고 한다.

" 모든 상황은 수천 가지의 작은 결정에 의해 만들어진다. 그리고 그 결정은 수천 가지의 생각 가운데 일부, 즉 당신이 우선시하는 생각들이 빚어낸 결과이다. " < 28쪽 >

행복과 부와 성공의 열쇠는 이미 우리 손에 있다는 것이다. 인생에서 일어나는 모든 일은 우리가 생각을 했기 때문에 빚어낸 결과라는 것이다. 재미있는 사실은 우리가 성공을 눈앞에 두고도 실패하는 이유 가운데 하나는 우리가 우리 자신도 모르는 사이에 방해를 하고 있기 때문이라는 것이다. 무엇보다 우리는 자기 자신의 가치에 대한 불신과 자부심의 결여로 인해 우리의 성공이 우리에게 오지 못하게 방해 하고 있었던 것이다.

우리의 성공을 방해하는 것은 우리 자신도 모르게 우리의 의식에 파고 든 부족함과 한계에 대한 잘못된 자각이기도 하다고 한다. 즉 부정적인 생각은 우리의 삶이 눈부시게 빛 날 수 없도록 강력한 작용을 하는 인생의 훼방꾼이라고 할 수 있다.

“ 당신은 자신의 가장 근본적인 신념을 변화시킴으로써 자신이 건강하고 행복하고 성공하리라는 확신을 가질 수 있다. 아울러 스스로를 가치 있는 사람으로 여기면서 하루에도 수십 번, 어떤 상황에 직면하든 좋은 결과를 기대하게 된다.” < 69쪽 >

이 책의 저자는 사람이 뭔가로부터 성공을 거두기 위해서는 그것에 완전히 몰입할 수 있어야 한다고 말한다. 성공이란 소유물을 가지고는 설명할 수 없다고 한다. 성공은 사고방식이며 살아가는 방식이기 때문이라고 그는 말한다.

더 나은 삶을 살고자 하는 간절한 열망은 진정한 성공으로 끊임없이 나아갈 수 있도록 해 주는 원동력이 되어 준다고 한다.

" 모든 것을 운명이나 행운, 혹은 우연이라고 말하는 회의론자들은 진정한 성공에 이르기까지 바쳐진 희생과 노력을 보지 못한다. 따라서 기나긴 여정은 무시한 채 종착지만을 판단하는 것이다.

그러나 성공은 어디까지나 노력에 따른 결과이다. 노력에 바쳐진 힘과 헌신만이 성공이라는 결과를 좌우할 수 있다. 우연이나 운명, 운의 문제가 아니다. 성공하는 사람은 자신의 우연과 운명과 운조차 스스로의 힘으로 만들어낸다. "
< 115 ~ 117쪽 >

이 책의 저자는 자신의 이 말처럼 불운만을 탓하던 빈털터리에서 자수성가해 백만장자로 자신의 인생을 새로 만들어 냈다. 스스로의 힘으로 자신의 운명까지 재창조해 낸 이 책의 저자

는 우리에게 말한다.

“성공은 이미 당신 손안에 있다. 당신의 (부정적인) 생각이 그것을 보지 못 할 뿐이다.”

이미 우리 손안에 있는 성공을 발견하고 움켜쥐기 위해서 우리에게 필요한 것은 사고방식의 전환이다. 사고방식이 바뀌면 성공이 눈에 나타나고 다가오게 되어 있다. 이 책의 저자가 조언해 주는 사고방식은 ‘자기 자신이 엄청난 성공을 할 수 있는 가치와 자격이 있는 존재’라는 생각을 하라는 것이다. 또한 ‘지금 이 수준으로 만족해서는 안 되고, 최고의 것을 요구하고 기대하고 획득하라’는 것이다.

자기만족은 결국 나태해지는 일종의 죄악이라고 강하게 주장한다. 자신의 잠재력을 묻어두는 것은 슬프고 안타까운 일인 동시에 지금의 위치와 상관없이 평범함에 무릎을 꿇는 일이며 나아가 자신의 위대함을 부정하는 것이기 때문이라고 한다. 즉 평범함에 만족하는 사고방식에서 벗어나 위대함을 갈망하고 추구하는 사고방식을 가질 때 우리의 인생이 그렇게 된다는 것을 우리는 이 책을 통해 배울 수 있게 된다.

“ 내가 세계를 알게 된 것은 책에 의해서였다.”

_ 장 폴 사르트르 –

모든 고통은 오직 에고에서 일어난다.

< 의식 혁명 >

_ 데이비드 호킨스

“ 나는 온갖 고통과 괴로움은 신이 아니라 오직 에고에서 일어난다는 것을 알았습니다. 그것은 내가 환자들의 마음으로 말없이 전해준 진실이었지요. 여러 해 동안 말문을 닫고 있던 또 다른 긴장증 환자에게 그런 정신적 차단을 직관했을 때, 나는 마음을 통해 그에게 말했습니다. ‘당신은 에고가 자신에게 한 일에 대해 신을 비난하고 있습니다.’ 그러자 환자는 벌떡 일어나서 말하기 시작했고, 현장을 목격한 간호사는 경악을 금치 못했습니다.” < 서문에서>

이 책의 저자는 세계적인 영적 스승이다. 그의 삶과 그가 경험한 것을 토대로 볼 때 그는 우리가 인생을 살아갈 때 우리에게 필요한 것이 정말로 무엇인지에 대해 제대로 말해 줄 수 있는 몇 안 되는 지도자라는 생각이 든다.

이 책에 매료된 이유 중에 하나는 의식을 1에서부터 1,000까지의 척도로 수치화한 지표인 '의식 지도'를 그가 제시했기 때문이다. 우리의 삶을 변화시키고, 최악의 절망에서 우리에게 함과 용기를 줄 수 있는 존재는 다름 아닌 우리 자신이다. 그리고 그것을 좀 더 구체적으로 파고든다면 우리의 의식이라고 할 수 있다.

이 책의 저자는 우리가 겪는 모든 고통과 괴로움은 신이 부여해 준 것이 아니라 자기 즉 에고에서 일어난다고 말한다. 38살 때 치명적인 진행성 질환에 걸려서 죽어야 한다는 것을 알게 된 저자는 있을 지도 모르는 신, 즉 절대자에게 도움을 요청했다. 그리고 그 순간 그는 자신을 완전히 내맡기며 무한한 현존infinite presence 속에 빠져 들게 되었고, 그 충격은 아홉 달 동안 그로 하여금 이 세상에서 효율적으로 기능하는 것을 불가능하게 했다.

명성, 성공, 돈은 더 이상 그에게 무의미했고, 그는 이미 모든 것이 완벽한 것 이상의 것들을 경험했던 것이다. 영적 스승들이 경험했던 영적 황홀경을 경험하고 그는 이렇게 표현한 바 있다.

" 세상의 모든 것 모든 사람이 다 환했고 형언할 수 없이 아름다웠습니다. 모든 살아 있는 것은 빛을 뿜게 되었으며, 그 광휘를 멋어있음과 장려함 속에서 표현했습니다. 전 인류가 사실상 내면의 사랑을 동기로 하지만 그저 그것을 알지 못하게 되었을 뿐이라는 것이 명백했습니다. 대부분의 사람들은 자신이 정말 누구인지에 대한 지각이 깨어나지 않은, 잠자는 사람처럼 살아갑니다. 모든 이들이 마치 잠든 것처럼 보였으나 믿을 수 없을 만큼 아름다웠습니다. 나는 모든 사람과 사랑에 빠졌습니다." < 22 ~ 23 쪽 >

이러한 체험을 하면서 이 책의 저자는 인간의 의식과 그 힘에 대해 연구하는 것을 빠져 들기 시작했으며, 그러한 모든 연구와 분석은 자신이 이미 모두 체험했던 것들을 이론적으로 학문적으로 재확인하는 수준에 불과했을 정도로 경험에 토대로 두고 있는 것이었다.

이 책의 저자는 자신의 깨달음과 체험을 치유에 이용하기도 했으며, 그 결과 기적과 같은 일들이 많이 생겼으며, 세계 전역에서 환자들이 몰려들기도 했다고 한다.

이 책의 저자는 우리에게 의식에 대한 새로운 이해와 확장에 대해 언급하면서 우리의 모든 의식은 거대한 의식의 바다에 떠 있는 코르크와 같은 것이라고 말한다. 그리고 모든 인간 존재의 경험의 본질은 기쁨이어야 한다고 주장한다. 또한 모든 괴로움의 기원은 오직 개별성의 환상이기 때문에 우리가 보편적인 참나 속으로 녹아들면 절대적 평화와 안도의 상태로 귀향한 것 같은 형언할 수 없는 느낌의 평안을 맛보게 된다고 한다.

결국 이 책의 저자가 말하는 것은 우리가 절망에 빠지고 고통스러워하고 힘들어하는 것은 잘못된 인식 때문이라는 것이다. 그러한 인식의 문제는 결국 우리의 의식 수준에 따라 결정 되며, 우리가 의식 수준을 상승시키게 되면 우리의 삶은 어제와 반드시 달라질 것이라고 주장한다.

" 이 흥미진진한 여정을 따라가십시오. 당신은 자신의 의식을 위력威力, force의 수준이 아닌 힘power의 수준까지 상승시키는 것이 얼마나 쉬울 수 있는지를 알게 될 것입니다. 그렇게 해서, 당신은 이 세상에서 각성한 아는 이들 중 하나가 될 수 있습니다. 당신의 삶은 분명코 같지 않을 것입니다." < 35쪽 >

이 책의 저자가 우리에게 전해 주는 교훈 중에 하나는 의식을 혁명하라는 것이다. 의식을 혁명하여 위력의 수준에서 힘의 수준으로 상승시키게 되면 어제와 다른 삶을 살아가 살 수 있게 된다는 것이다. 그렇다면 위력과 힘의 차이는 무엇일까?

이 책에서 말하는 위력은 항상 무언가를 거슬러 움직이는 것이고, 불완전하며, 따라서 항상적으로 에너지를 공급받아야 하는 것이며 소비하는 것이다. 하지만 힘은 절대로 무언가를 거슬러 움직이지 않는다. 힘은 그 어떤 것도 청구하지 않고 소비하지 않고 생명과 에너지를 주고, 전체적이고 완전하며 외부에서 아무것도 요구하지 않는 다. 그리고 힘의 근원은 의미와 결합되어 있다. 하지만 위력은 일시적 목표를 갖기 때문에 목표가 달성될 때 무의미라는 공허가 남는 다. 힘과 위력의 차이 중에 하나는 오직 힘만이 기쁨을 가져다준다는 것이다. 남을 이기는 것은 만족감을 가져오지만 자신을 이기는 것은 기쁨을 가져다준다.

새로운 패러다임은 결국 일종의 의식의 에너지 장들 속에서 존재하며 그것과 비슷한 형태 발생장의 생성에 의해 만들어진다고 할 수 있다. 그러한 패러다임은 결국 보이지 않는 무형인 힘의 근원과 이어진다. 그래서 의식의 에너지장인 형태 발생장이 만들어지면 우리는 그전에는 도저히 하지 못했던 일들을 해 낼 수 있게 된다. 그리고 그것은 자신이 엄청난 노력을 했기 때문에 해 낼 수 있는 수준을 넘어서는 것이다. 의식의 에너지장이 힘으로 작용했기 때문인 것이다. 이 책의 저자는 로저 배니스터가 1마일을 4분 이내에 돌파한 것이 바로 이러한 원리 때문이었다고 말한다.

" 로저 배니스터 경이 1마일 4분 벽을 깼을 때, 그는 새로운 형태 발생장을 창조했다. 그 전에 인간 의식을 지배한 신념 체계는 1마일 4분이 인간 가능성의 한계라는 것이었다. 일단 새로운 형태 발생장이 창조되자, 많은 주자들이 갑자기 1마일을 4분 이하에 뛰기 시작했다. 이는 인류가 새로운 패러다임으로 도약할 때마다 일어나는 일이다. 그것이 비행 능력(라이트 형제에 의해 창조된 형태 발생장)이든, 아니면 알코올중독에서 회복하는 능력(익명의 알코올중독자회의 설립자 빌 W.에 의해 창조된 형태 발생장)이든 간에 말이다. 일단 어떤 형태 발생장이 창조되면, 성취를 반복하는 이들 모두가 그 형태 발생장의 힘을 보강한다." < 157쪽 >

우리가 의식 수준을 향상시킴으로서 우리는 또한 부유해질 수 있고, 건강해질 수 있다고 이 책의 저자는 말한다. 그리고 더 나아가 인류의 의식이 상승하면 더 이상 부정적인 의식의 에너지장에 지배당하지 않게 된다고 말한다.

이 책의 저자는 인간의 의식 수준을 1에서부터 1000 까지 수치화 했다. 인류의 전체 평균 수준은 대략 207 정도라고 한다. 그런데 이러한 의식의 수준이 높아질수록 행복과 건강과 부를 더 쉽게 얻을 수 있게 되며, 이러한 수준보다 더 높아지게 되면 이러한 것들이 없어도 그 자체로 완전한 행복을 누릴 수 있게 된다고 말한다.

우리가 절망에 빠졌다면 그것은 환경이나 외

부 조건 때문이 아니라 우리의 의식 수준이 위력의 수준에 머물러 있기 때문일 수 있다. 그리고 만약에 그렇다면 우리는 의식 수준을 높여 힘의 수준까지 상승시켜야 한다. 이 책이 그것을 도와 줄 것이다.

“ 당신은 冊을 좋아하지 않을지도 모른다.
또한 당신의 생활은 부질없는 야심과 쾌락을 추구하는 데 바쁠 지도 모른다.
그러나 세상은 당신이 생각하는 것보다 훨씬 광범위하다. 그 세계는 冊에 의해 움직이고 있다. “

– 볼테르 –

세상을 사는 동안 기회는 항상 있다.

< 시도하지 않으면 아무것도 할 수 없다 >

_지그 지글러

" 흥미롭게도, 늑대와 마약 중독자 사이엔 공통적인 요소가 있습니다. 그들은 서로 다르긴 하지만 같은 것을 원했던 것입니다. 바꿔 말하자면, 노력은 적게 하면서 많은 것을 얻으려고 했던 것입니다. 진정한 성공 법칙은 '많이 주고, 많이 베풀고, 많은 노력을 하는 것' 입니다. 그러면 그에 대한 보답으로 더욱 큰 보상을 받게 됩니다." < 15쪽 >

이 책에는 이 책의 저자가 정상으로 가는 길에

서 깨달은 많은 교훈이 담겨 있다. 그래서 이 책은 절망에 빠진 이들, 정상으로 가다가 실패하여 바닥으로 떨어진 이들에게 유익한 책이라고 할 수 있다.

이 책의 저자는 진정한 성공 법칙은 남들보다 더 많이 주고, 많이 베풀고, 더 많이 시도하고, 더 많이 노력하는 것이라고 말한다. 마약 중독자들은 적게 노력해서 쉽게 쾌락을 얻으려고 하기 때문에 중독의 늪에서 빠져나오지 못하는 것이고, 에스키모 인들이 늑대를 잡을 수 있는 것도 늑대의 공짜 심리 때문이다.

북극에 사는 에스키모 인들은 날카로운 칼에 피를 흠뻑 묻힌 다음 그것을 얼린 후 얼어붙은 땅속에 박아 놓으면, 늑대들이 피 냄새를 맡고 칼날을 핥는다. 얼어서 무감각해진 늑대의 혓바닥은 어느새 날카로운 칼끝을 핥기에 이르고, 자신의 피를 흘리기 시작한 늑대는 그 피에 끌려 더욱 더 빠른 속도로 계속해서 칼날을 핥게 된다. 결국 늑대는 피를 많이 흘려서 죽게 되는 것이다.

“ 흥미롭게도, 늑대와 마약 중독자 사이엔 공통적인 요소가 있습니다. 그들은 서로 다르긴 하지만 같은 것을 원했던 것입니다. 바꿔 말하자면, 노력은 적게 하면서 많은 것을 얻으려고 했던 것입니다. 진정한 성공 법칙은 ‘많이 주고, 많이 베풀고, 많은 노력을 하는 것’ 입니다. 그러면 그에 대한 보답으로 더욱 큰 보상을 받게 됩니다.” < 15쪽 >

또 다른 교훈 중 하나는 목표를 세운 사람은 그렇지 않은 사람들보다 더 멀리, 그리고 더 빨리, 더 많은 것을 얻어 낼 수 있다는 사실이었다. 목표를 설정하고 그 목표를 성취하기 위해 계획을 세우고 실천하는 그룹과 자신들의 목표를 설정하기 위한 구체적인 행동조차 하지 않는 사람들 사이에는 매달 평균 두 배 정도의 수입의 차이가 있다고 한다. 또한 목표를 설정하고 계획을 세워서 실천하는 그룹은 그렇지 않은 그룹에 비해 매사에 더욱 열심히 일하고, 자신이 인생과

일에 더 큰 만족을 느끼며, 결혼 생활도 행복하고 전반적으로 건강 상태도 양호하다는 것이다.

“ 1년에 14만 2천 달러 이상을 버는 사람들과 부동산을 빼고 순수하게 50만 달러 이상을 가지고 있는 사람들에 대한 루이 해리스의 여론조사에 따르면, 이들 성공한 사람들의 대부분은 침착하고 조심성이 있으며, 중년의 나이인 것으로 나타났습니다. 그들은 한결같이 가족의 소중함과 노동의 윤리성을 강조했습니다.” < 44쪽 >

부자들의 목표는 돈을 뛰어넘어 그 이상의 것이다. 그들은 훌륭한 인생의 기준을 가지고 있다. 그들은 모두 나름대로 탁월한 인생의 자질을 소유했다. 인내, 노력, 자기 단련 그리고 열심히 일하는 것, 도전하는 것, 포기하지 않는 것 이러한 것들이 바로 그들이 성공하도록 이끈 자질들이다. 이것은 또한 균형 잡힌 삶을 의미하기도 한다.

이 책의 저자는 균형 잡힌 삶, 다양한 분야에서 골고루 만족스러운 삶을 살아가는 것이 진정한 성공이라고 말한다.

" 성공의 궁극적인 요지는 자신을 향해 있습니다. 진정한 성공의 8가지 분야인 행복과 건강, 재산, 정서적인 안정, 우정, 가정의 화목, 희망 그리고 일상적인 마음의 평화 중 어느 한 가지라도 충족되지 않은 인생을 진정한 성공이라고 할 수는 없을 것입니다." < 6쪽 >

우리가 기쁘고 긍정적인 생각을 가지고 다른 사람들을 대하기로 마음먹고 그대로 행한다면 우리 또한 다른 사람들에게서 그와 같은 대접을 받게 될 것이기 때문에 태도와 생각을 변화시켜야 한다고 이 책의 저자는 주장한다. 그리고 그러한 태도의 변화가 행동의 변화를 가져오게 된다고도 한다.

그러한 태도의 변화 중에서도 가장 중요한 것은 작은 일에도 감사하는 태도와 정상으로 가는 길목은 비좁기 때문에 더 많은 노력을 하고, 계획을 매일 실천하는 태도가 아닐까? 어떤 분야든지 정상에는 자리가 많고 보상도 좋고 명성도 주어진다. 하지만 그 자리에 오르기 위해서는 아주아주 비좁고 험난한 길을 통과해야 한다는 사실을 우리는 명심해야 한다.

세상을 사는 동안 기회는 항상 있다. 하지만 그 기회를 붙잡을 수 있는 사람인지 아닌지는 평소 자신의 태도와 노력에 달려 있다고 봐야 한다. 이 책의 제목처럼 '시도하지 않으면 아무것도 할 수 없다' 는 말은 진리인 것이다. 절망에 빠진 사람이라면 이 책을 통해 용기를 가지고 도전하고 정상을 향해 한 걸음씩 나아가는 방법을 배울 수 있을 것이다.

세상에는 공짜 점심이란 없다. 하지만 성공을 향한 지름길과 최고의 방법은 있기 마련이다. 실패와 시련으로, 절망과 좌절에 빠진 이들에게는 더 이상 마음의 여유가 없다. 이들에게 필요한 것은 성공의 지름길이다. 그리고 올바른 방

향과 삶의 자세일 것이다. 이것이 이 책을 절망에 빠진 이들에게 추천하는 이유인 것이다.

쉽게 절망에 빠지는 이들의 공통점은 확고한 목표가 없거나, 목표에 대한 의지가 결여 되어 있다는 점이다. 그래서 목표가 확고한 사람일수록 더 멀리, 그리고 더 빨리, 더 많은 것을 얻게 되고, 이루게 된다. 그리고 쉽게 늙는 사람은 삶에 열정이나 도전이 결여 되어 있는 사람들이다.

성공하는 사람들, 쉽게 절망에 빠지지 않는 사람들, 절대로 좌절하지 않는 사람들은 삶의 자세가 남다른 이들이다. 이들은 끊임없이 스스로 동기 부여하는 자들이고, 작은 일에도 감사하는 이들이고, 이 세상의 모든 것이 기회 덩어리라고 생각하는 자들이며, 하루하루를 기쁨과 즐거움으로, 힘차게 살아가는 이들이다.

결국 세상에서 가장 실패한 사람은 도전하지 못 하는 사람이며, 세상에서 가장 불행한 사람은 미소가 없는 사람이다. 끊임없이 도전하고 실패 속에서도 미소를 잃지 않는 사람은 결국에는 성공하며 행복한 삶을 살아가고 있는 사람이다.

이러한 것들이 이 책의 저자가 이 책의 원제목처럼 정상으로 가는 길에서 그가 배운 것들인 것이다. 그 중에서 필자가 생각하기에 가장 중요한 배움은 '세상을 사는 동안 기회는 항상 있다'라는 사실이다.

그리고 그 기회를 발견하고 활용할 수 있는 사람은 바로 자기 자신이다. 그러므로 자기 자신이 최고의 존재임을 인정하고 최고의 성과를 창출해 낼 수 있을 것이라고 스스로에게 큰 기대를 해야 한다. 우리 인간은 기대를 먹고사는 동물이기에, 스스로에게 부여한 기대이든, 타인과 세상으로부터 부여받은 기대이든, 그 기대의 합만큼 성장하고, 발전하고, 성과를 창출해 낼 수 있다.

무명의 작가, 무명의 선수, 무명의 학자, 무명의 배우, 무명의 가수, 무명의 기업가, 무명의 영업사원, 무명의 직장인들에게 가장 필요한 것은 기대이다. 기대가 사람을 키우고, 성장시키고, 놀라운 성과를 창출해 내기 때문이다. 하지만 무명일 때는 그 어떤 사람도 큰 기대를 하지 않는 다. 하지만 무명일수록 기대가 필요하다. 무명일 때만큼 절실하게 기대가 필요한 순간도 없을 것이다.

바로 이때 우리는 스스로에게 기대해야 한다. 그것도 엄청난 기대를 말이다. 그것이 바로 자기 신뢰로 이어지고, 자신감으로 완성되어 빛을 발하게 되는 것이다. 스스로에게 큰 기대를 걸고, 그 기대에 보답하고자 끊임없이 노력할 때, 결과적으로 경이로운 성과물을 창출해 낼 수 있게 될 것이다.

‘삶이란 우리 인생에 어떤 일이 생기느냐에 따라 결정되는 것이 아니라 우리가 어떤 태도를 취하느냐에 따라 결정된다.’ 존 밀스

에필로그 _ 책은 삶의 특권이며 최고의 사치이며 향락이다.

' 인생을 바꾸는 것은 재능이 아니라 독서이다.'

빌 게이츠, 워렌 버핏, 오프라 윈프리, 스티브 잡스, 손 정의, 조지 소로스, 마오쩌둥, 존 스튜어트 밀, 세종 대왕, 나폴레옹 의 공통점은 독서가 그들의 삶을 도약시켜 놓았다는 것이다.

이들은 모두 남들보다 훨씬 더 많은 독서를 한 사람들이다. 그리고 그 결과 평범한 사람들보다 훨씬 더 많은 업적을 달성해 낸 사람들이다.

모든 성공은 자기 자신에게서 비롯된다. 그리고 그 자신은 자기가 읽은 것에 의해서 완성된다. 결국 모든 성공은 자신이 읽은 것을 통해 비롯되는 것이다.

독서를 한다는 것은 삶의 특권이다.

독서만큼 경제적인 것은 없기 때문이다. 독서만큼 쉽고 편하면서 최대의 효과를 가져다주는 것은 없기 때문이다. 독서만큼 우리에게 많은 생각의 재료를 주는 것은 없다. 독서만큼 우리의 삶을 풍요롭게 해 주고 윤택하게 해 주는 것은 없기 때문이다. 독서만큼 우리 자신을 도약하게 해 주는 것도 이 세상에는 없기 때문이다. 독서만큼 이 세상을 통찰할 수 있는 안목을 제공해 주는 것도 없기 때문이다. 독서만큼 우리에게 기쁨과 위안을 주는 것은 없기 때문이다.

누군가 만들어놓은 길을 가는 것은 쉽다. 하지만 그 길은 망하는 길이다. 아무도 만들어 놓지 않은 새로운 길을 우리는 가야 한다. 하지만 그 길은 매우 힘들고 어렵다. 그래서 독서가 필요한 것이다. 많은 책을 통해 우리는 의식과 사고를 도약시켜야 하고, 그 결과 자신만의 새로운 길을 개척할 수 있다. 그리고 그 길은 성공하고 번영하는 길이 되는 것이다.

우리를 최고의 자리로 이끄는 것은 무조건 열심히 일하는 것이 아니다. 우리를 최고의 자리로 이끄는 것을 자신에게 가장 맞는 올바른 일을 선택하고, 그 일을 가장 현명하고 효율적으로 하는 것에서 비롯된다. 이러한 올바른 일과 올바른 방법을 발견하고 찾아내기 위해서 우리에게 필요한 것은 바로 독서이다. 독서를 통해 우리를 찾을 수 있고, 세상을 내다볼 수 있게 되기 때문이다.

독서를 한다는 것은 최고의 사치이며, 향락이다.

이 세상에서 독서만큼 우리에게 중독을 일으키는 것도 없다. 독서의 맛을 제대로 경험한 사람들은 자신의 아내를 팔아서 책을 사고, 자신의 집을 팔아서 책을 산다. 독서에 한 번 제대로 중독된 사람은 밥을 먹으면서도 책을 손에서 놓을 수 없고, 다니던 직장을 포기하고서라도 책을 읽어야만 한다. 독서에 중독된 사람들은 먹을 쌀이 없어도 돈이 생기기만 하면 밥을 사 먹는 것이 아니라 책을 산다. 이것이 바로 책의 중독성이다.

책이 이렇게 중독성이 강한 이유는 무엇일까? 그것은 바로 책은 최고의 사치이며 향락이기 때문이다. 과거에는 책을 읽을 수 있었던 신분은 왕이나 귀족이나 선비였다. 이들은 모두 선택받고 축복받은 계층이었다. 과거 한 때에는 책을 읽는 것이 금지되었고, 몇몇 특권을 부여 받은 사람만이 책을 읽을 수 있기도 했다.

많은 사람이 독서를 하지 않는 이유는 독서의

맛을 제대로 경험해 보지 못했기 때문이다. 하지만 어떤 사람이라도 독서의 맛을 제대로 한 번이라도 경험하게 되면, 그다음부터는 절대 독서의 중독에서 빠져나올 수가 없게 된다. 결국 평생 독서를 하는 삶을 살아가야 하게 되는 것이다.

필자가 백수와 전업 남편에서 작가가 될 수 있었던 것은 엄청난 양의 독서를 집중적으로 했기 때문이다. 즉 필자의 모든 경쟁력의 대부분은 3년 동안 독서에 집중적으로 투자한 노력의 결과물이라고 할 수 있다. 그래서 필자는 독서의 위력에 대해서 거의 신앙에 가까운 확신을 갖고 있다. 필자에게 새로운 인생을 열어 준 것은 다름 아닌 독서였다. 독서를 하지 않았다면 필자는 지금도 백수였을 것이고, 전업 남편으로 집안일에 매여 사는 남자였을 것이다.

독서는 삶의 최고의 특권이며, 우리가 누릴 수 있는 향락이며, 최고의 사치라고 말하는 이유가 바로 이것이다.

인생에 지쳐 길을 잃고 방황할 때 우리가 할 수 있는 최고의 선택은 또한 독서이다. 책 속에 우리의 길이 있고, 우리의 힘이 있고, 우리의 미래가 있고, 우리의 사유가 있다. 인생을 살다 보면 결정적인 순간을 맞이하게 된다. 바로 그 때 우리가 상황에 잘 들어맞는 책을 읽을 수 있다면 그것보다 더 유익한 것도 이 세상에 없을 것이다.

이 책이 많은 사람에게 유익한 지침서가 되어 주는 이유 중 하나는 독서하는 방법을 제대로 알고 있는 사람들이 그렇게 많지 않다는 것이다. 평생 책을 읽었고, 심지어 책을 쓴 위대한 작가이기도 한 괴테는 이런 의미심장한 말을 남긴 적이 있다.

" 나는 독서하는 방법을 배우기 위해서 80년이라는 세월을 바쳤는데도 아직까지 그것을 다 배웠다고 말할 수 없다."

이처럼 독서라는 것은 우리가 생각하는 것만큼 저절로 되는 것이 아니다. 특히 좋은 책은 선택하는 방법을 배우는 것은 더더욱 어려운 기술이라고 할 수 있다. 그런 점에서 이 책은 매우 유익한 책이 될 것이다.

이 책을 통해 우리는 삶의 결정적 순간을 최고의 순간으로 만들 수 있다. 이것이 이 책의 가장 큰 유익함이다. 이 책을 통해 눈부신 미래를 펼쳐 나가기를 기원한다.

판권

초판 인쇄: 2025년 12월 20일
초판 발행: 2025년 12월 20일

펴낸이: 김병완
펴낸곳: (주) 플랫폼연구소

출판등록: 제 2020-000075호

이메일: pflab2020@naver.com

주소:서울시 강남구 삼성동 116 백우빌딩 402호

ISBN 979-11-24195-25-3(03190)